# 映画『私のはなし　部落のはなし』を観て

## ―部落問題を深掘りする―

秦　　重雄



◆部落問題研究所◆

# はじめに

このブックレットを手にしたあなたは、部落問題に関心を持っていらっしゃって、時間をなんとかやりくりして映画『私のはなし　部落のはなし』を見に行かれた方でしょう。

または、映画『私のはなし　部落のはなし』を見に行きたかったが、どうしても時間が取れなくて、こんど機会があればぜひ見に行こうと考えていらっしゃる方かも知れません。若い監督が21世紀の部落問題をどんな新鮮な感覚でとらえているのか、自分のとらえ方と謙虚にくらべてみたいと思っていらっしゃるかもしれません。

平日の昼間に、私も大阪の第七藝術劇場に3度足を運びました。毎回ほぼ満席で、静かな熱気を感じました。私もその熱気を発していたかもしれません。

映画『私のはなし　部落のはなし』は21世紀の部落問題を語る際のもっともスタンダードなものとなるかもしれない、それほどの「公共性」を帯びた作品になる可能性がある、と私は感じました。

そして、現代の部落問題を次々に展開して見せてくれて、見る人はついてゆくのが精一杯、部落問題を多少とも学習してきたと自負をしている人でさえ未消化にならざるを得ないシーンも多いことでしょう。映画評は賞賛一色で染まっていますので、それに納得はしながらも、果してそれでいいのだろうかとも考えている人もいるかもしれません。

今回、私なりに映画の一つ一つのシーンに立ちどまり、深掘りすることがぜひとも必要だと痛感しました。その探求の成果を、映画を見た方（または、惜しくも見ることの出来なかった方、今後見るであろう方とも）に21世紀の部落問題をともに考えましょうと提供する次第です。

このブックレットは、そういう課題意識で映画の話題性が薄まらないうちに緊急に仕上げました。Ⅰ部は、取り急ぎの感想をしるし、Ⅱ部は、個々の論点にかなりこだわって部落問題の専門的な資料からも引用して考察をしています。

部落問題の考究にあたってもっとも大切なものは、自由な意見表明であり、率直な意見交換です。だれもが真理の独占権を持ちません。このブックレットを手にしていただいたみなさんとともに、21世紀の部落問題を考えて行きたいと思います。

# 目次

## Ⅰ　映画『私のはなし　部落のはなし』を観て

### ―取り急ぎ一筆―

2022年5月下旬から満若勇咲《みつわかゆうさく》監督の映画『私のはなし　部落のはなし』が公開されました。途中休憩10分を含む3時間半の長編ドキュメンタリーです。

部落問題を今後考える上で、この映画が話題の第一番目になる、つまり公共性が非常に高い映画になる可能性があると感じたので、映画館に3度足を運んだ感想を取り急ぎ一筆したためて、多くの人に鑑賞してもらい、現代の部落問題を語り合うきっかけになってほしいと思います。

一言でまとめると、部落問題をめぐる憂鬱《ゆううつ》と希望とが混ざり合った、大きな矛盾を抱えた映画であるというのが私の意見です。それは現代の部落問題の実情（すでに解消した状態とまだ人々の心を痛める残りものの入り交じった状態）を忠実に反映しているからでしょう。

### 部落問題の憂鬱

映画のチラシと『公式プログラム』（『パンフレット』）には、「現在、法律や制度のうえで『部落』や『部落民』というものは存在しない。しかし、いまなお少なからぬ日本人が根強い差別意識を抱えている」とゴシックで書かれていますが、映像の中ではそれはほとんど出て来ません。たくさんの出演者が過去の被差別体験を語るシーンがありますが、そのほとんどが前世紀である20世紀、特に１９８０年代以前のことです。かつての怒りと悲しみが現在昇華された形で語られていますので、鑑賞者の静かな共感を引き出すものとなっています。その上で歴史的に冷静に見た場合、語られた差別事象は、21世紀がはや20年を過ぎた現在、もうどこにも見られないものだと言えます。もう見られないからこそ、過去の厳しい差別事象を映像として今回摘《つ》まみ上げることしかできなかったのです。私はここに日本社会の進歩を確認しました。

映画自体には押しつけがましさは感じられないのに、「なぜ私たちは、いまもそれ（注：「部落差別」）を克服できずにいるのか？」（チラシの言葉）と上から目線で突きつけられると、映画のメインストリームと違う問いかけではないですかと少し反論したくなります。監督本人が気づかない大きな矛盾をこの映画は抱えてしまったと誠に残念に思いました。

映画は、天皇制を扱う中で—天皇も部落も文化的産物なのだからどうしようもない—という、それまでの「歴史がたり」（静岡大学の黒川みどり教授が担当）とは結び付かない、文学者中上健次の意味不明の発言を紹介し、「エッタの血」を吸った南京虫のモノローグ詩（未完）をわざわざ繰り返し朗読することで幕を閉じています。結局、部落差別はなくならない、永遠に続くものと言いたいのでしょうか。せっかくの3時間半の映像の中の多くの人々の努力を無意味にしかねない、大変後味の悪い憂鬱な映画になってしまいました。

## 部落問題の希望

映画館の座席を立つ時、「部落差別なんてしょうもない差別に出会ったら笑い飛ばしてやろう」（筆者の言葉）とか「部落差別？　お前はもう死んでいる！」（筆者の言葉）と「自分の中の差別心を直視しながら差別と立ち向かう新しい人間になる」（食肉センターの中尾政国さん）決意を、無言のうちに観客に促すような終わり方にすべきであったと苦言を呈しておきます。

一方で、考え抜かれた構成によってあちこちから感じられるこの映画の希望は、三重県伊賀市生まれの4人、ママ友の3人、箕面市の20歳の若者3人のそれぞれが真剣に思索し、発言する場面です。鑑賞者は、自分もその席に同席している錯覚《さっかく》に陥るほどの臨場感があります。演出があるとは思えないのですが、語られる内容は、部落問題解決の糸口をそれぞれに示唆しているのでそこに希望が感じられるのです。

出演者の対談を通じて、「見えない差別」などはなく、「結婚と交際」の一部に部落差別が残っていると最終段階の「部落差別」が可視化されました。ここをどう突破するかについては、「部落」「部落民」が「歴史がたり」で繰り返しフィクションだと説明されてきたのですから、「部落」はどこにもない、「部落民」はだれでもない、を貫く道しかないではないですか。出演者の婚約者が語った「部落に住んだことはないし、ルーツがあってもちがう」感覚は新鮮で、一番普遍性があると気づかされました。「流すというより、俺は相手に理解してほしいと思う」（箕面市の中島威さん）、「いい意味で重要視しない感覚になった」（伊賀市の林優次さんの弟さん）などは素晴らしい言葉だと思います。

## 歴史がたり

最後に、黒川みどり教授の「歴史がたり」に触れます。明治憲法下の女性・農民・労働者全体が基本的人権を保障されず、無権利のもとに置かれ続けて、天皇制国家の重圧に苦しんでいたことには一言もありません。典型的な「部落第一主義」の「歴史がたり」になっているのです。フローチャートも含めて、基本的人権の確立を戦後70年推し進めた「日本国憲法」についても一言も登場しない、致命的な欠陥解説です。同じ部落問題の研究者として一言猛省を促しておきます。

＊この原稿は、『人権と部落問題』２０２２年９月号（部落問題研究所、第９６３号）の「文芸の散歩道」欄に掲載されたものです。

## Ⅱ　詳注：映画『私のはなし　部落のはなし』

『私のはなし　部落のはなし』の全体のスケッチについては、Ⅰのとおりである。映画『私のはなし　部落のはなし』は映画であるゆえに、数限りないイメージを見るものに印象づけて進んでゆくが、立ちどまって深められることは少ない。深めるべき箇所を『パンフレット』から引用し、詳細な注意書きを書いておくことにする。

この映画は、全体的にソフトタッチにつくられている。メッセージの押し付けとは無縁の良質な映画だと評価も高い。しかし、部落解放同盟とは距離を取らない「党派性」意識とそれに基づいたさりげない攻撃性がある。監督はおそらく、半ばは気づいているが、半ばは気づいていないのかもしれない。多くの人が知らない事実を提示して、映画を通じて部落問題を考える一助にしたい。言及は『パンフレット』のページ（4～11ページ）の順序に依ったが、若干前後する場合もある。

## 一　崇仁《すうじん》地区と「オールロマンス事件」

芸大の建設予定地として取り壊しが決まった市営住宅に住む高橋のぶ子さんは84歳。（中略）1951（昭和26）年の「オールロマンス事件」をきっかけに意識に変化が訪れた。1959（昭和34）年にバラックから近代的な団地への建て替えが行われ、部落解放同盟の支部が結成されると、高橋さんも積極的に参加した（5ページ）。

高橋さんは、以前にNHK大阪の『バリバラ』（※）に出演されていた方と同一人物であることに気がついた。『バリバラ』を見た時に感じた違和感が、解消されるどころか拡大しているので、それを書かせてもらう。『パンフレット』12ページの「主な登場人物」欄をみると、高橋さんは1936年生まれ。18歳で崇仁に嫁ぐとある。1951年10月から12月にかけての「オールロマンス事件」の際には15、16歳と想像される。まだ結婚される前である。

※2022年3月10日放送「水平社宣言100年（2）―人の世に熱あれ　人間に光あれ」

映画も『パンフレット』も「オールロマンス事件」についてまったく触れていないので、ここで少し言及しておく。1951年10月、三流低俗雑誌（カストリ雑誌）といわれた『オールロマンス』に、題名もずばりの「曝露《ばくろ》小説　特殊部落」が掲載され、京都の部落の実態が差別的に描かれた。作者はこともあろうに京都市の職員であった。これこそ京都市の差別行政を象徴的に表す事件であった。部落解放委員会は差別の実態にある行政の怠慢《たいまん》を厳しく追及し、前年とは比較にならない改善予算を勝ち取った。部落解放の現在の行政闘争を作り上げたはしりと言うべき事件であった―と伝説的に永年言い伝えられてきた事件である。

さて、12ページの「主な登場人物」欄には、高橋のぶ子さんは「1951年『オールロマンス事件』を契機に部落解放運動に参加」とあるが、これは実際のオールロマンス事件から数年後の1959年以降の高橋さんの記憶であると捉えるのが正確ではないのか。結成された部落解放同盟支部の学習会で、運動の契機となったオールロマンス事件のことを高橋さんは何度も聞いたに違いない。記憶の錯誤《さくご》が明らかに見受けられるが、監督は些細《ささい》なこととして修正をわざとしなかったのかもしれないが、事実をきちんと見ようとする視聴者から疑問が寄せられることに注意すべきである。これは公共放送である『バリバラ』の造り方もそうである。映画も『バリバラ』も、1951年のオールロマンス闘争に若い女性の高橋さんが積極的に参加したというストーリーを作り上げたいのだろうが、辻褄《つじつま》のなさが直ぐに露呈してしまう。それは、高橋さんの証言の真実性を疑わせることになるので、映画製作者の独自のフォローが必要だったであろう。

高橋さんは「(こんな差別的な小説を書く市職員は)首にしてしまえ」と言ったら、「首にするだけでええんか。ここに書かれてあるのは本当のことだ。」と朝田善之助に説明されて納得したと言う。数十年後に判明した事実ではあるが、小説の作者のS氏は、公然と二度謝罪し、早々と退職している。朝田善之助はそれを知りうる立場にあったが、素知らぬ顔で支部のメンバーに話をしていたということか。
１９５１年11月に公表された「オールロマンス糾弾要項」では、小説が「部落をヤミと犯罪と暴力の巣窟に仕上げて売り物にしようとしている」と糾弾しており、「ここに書かれているのは本当のことだ」という言い方は一切していない。のちに彼らが、「差別糾弾闘争の最高の闘争形態」（『朝田善之助全記録5』１９８８年）と位置付けた時点からの後知恵に過ぎない。

『パンフレット』には書かれていないが、オールロマンス事件のきっかけとなった小説「特殊部落」を松村元樹氏が朗読する場面がある。小説の第二章の本文も場面に映し出される。いかにも差別的な描写が充満しているような思いを入れ込んで読んでいるのだが、小説「特殊部落」はここでやり玉にあがる様な差別的作品ではない。朗読された第二章の冒頭は「東海道線のガードに近い加茂川堤」に居住している、戦後のある時期の朝鮮人たち（子ども、女、老人）の毎日の生活の日常を普通のリアルさでスケッチしているだけではないのか。「臓物屋」の門を入ると蝿《はえ》が群がっているのは、衛生観念が皆無に近かった当時のこの区域の状況を眼をそらさずに点描しているだけに過ぎない。後の朝田善之助が高橋さんに言った通り、「本当のこと」が書かれているだけだ。

筆者は、25年程前にオールロマンス事件のきっかけとなった小説「特殊部落」を糾弾した「オールロマンス糾弾要項」をすべて検証して、そこには一片の真実もないことを論証した。小説「特殊部落」はエロもグロも出てこない、極めて真面目な小説であるとまとめた。小説の前半では、部落での警官隊と住民の激突・乱闘を描いているが、後半は住民の団結、青年たちの献身を描こうとした明白な作者の意図があり、作者の善意が感じられるとも結論づけた（「＜差別小説＞「特殊部落」を検証する」『部落問題研究』144輯、1998年6月、後に、秦重雄著『挑発ある文学史　誤読され続ける部落／ハンセン病文芸』、2011年10月、かもがわ出版、に収録）。

また、第四章の「賤民《せんみん》」の語の使用法であるが、「いやしい人間達」の意味ではない。読み上げられた登場人物の朴根昌は部落の金持ちで、部落の「貧乏人」を潤《うるお》していたと捉える方が小説の文脈に照らし合わせて適切ではないのか。文脈からは、朴根昌は部落の人間なのに、「部落の賤民」ではないのである。この小説では、「賤民」＝貧乏人が作者の使用法なのである。なお、小説全体の中で「賤民」の語が使用されているのはこの第四章だけである。作者には「賤民」の語に特別の思い入れは無かったのである。

もちろん、作者の認識の不十分さ、表現語彙《ごい》の選択の未熟さを指摘することはたやすい。作者の意図としては、「特殊部落」視、「賤民」視して、物語を展開したり、人物を描写してはいないのに、不正確な言葉を捉まえられてしまった作者の名誉は二度と浮上することは無かった。筆者は部落問題文芸研究の立場から、上述の件を「オール・ロマンス事件伝説の見直し」として以下のようにまとめている（引用にあたり若干の言葉を補足し、注を削除した。作者名〈筆名〉はSとした）。

小説「特殊部落」を極悪非道の部落差別小説だと追い込んでいった「糾弾要項」（『吾々は市政といかに闘うか―オールロマンス差別糾弾要項』）の歴史的・客観的評価検証こそ行われなくてはならない。1950年代初頭の部落解放運動を前進させた役割を正当に評価すると同時に、数十年の長さで見た場合、文学作品・活字出版物等を糾弾し、行政から金銭を引き出して「同和行政」を迫っていく手法において、言葉狩りの始祖・差別でっち上げ起源の側面をこのオール・ロマンス事件伝説は孕んでいた。

作者Sは率直に謝罪し、反省文を公開して、京都市職員を退職した。その後しばらくの間探偵小説雑誌に書いていたが、ほどなく執筆活動をSはやめた。「私のことは忘れてください、何もかも失ってしまいました」と述懐したSの呟《つぶや》きに思いをはせると、一人の人生をひねりつぶした代価として部落解放運動が進んだのかと暗澹《あんたん》たる気持ちになる。60年近くも続いている差別者のレッテルを剥《は》がし、運動の生贄《いけにえ》を二度とつくらない真の社会運動を心がけることが常に強く求められている。文芸研究の立場からオール・ロマンス事件伝説を追究していくと深い反省と教訓とが見えてくるのである。（秦重雄「戦後部落問題文芸と研究の到達点」『部落問題解決過程の研究　第二巻　教育・思想文化篇』、２０１１年12月、部落問題研究所、３４９～３５０ページ）。

（注：「オールロマンス」と「オール・ロマンス」の表記の不統一は原文の引用なのでそのままにしてある。）

なお、小説「特殊部落」の原文は、現代では、上原善広編『路地　被差別部落をめぐる文学』（皓星社、２０１７年2月）に収録されているので、少し大きい公共図書館に行けばすぐに読むことができる。編者上原善広は「けっして差別小説と言えるものではないとの評価が一般的である」（２９２ページ）とまとめている。はたして差別小説なのかは、予断を排して自分の眼で読んでみたらいかがであろう。

## 二　映画『にくのひと』と劇場公開中止について

満若監督は大学生の時、兵庫県の屠場を舞台にしたドキュメンタリー映画『にくのひと』を撮った。完成した映画は各地の上映会で好評を得て、都内のミニシアターでの公開が決まった矢先、兵庫県の部落解放同盟から抗議をうけることとなる。公開中止を求められた話し合いは平行線をたどり、解放同盟と揉めたことで地域の人間関係にヒビが入った。満若監督は劇場公開を断念した。「出演者に何かあった場合、責任を取れるのか？」「この映画は地名総鑑と同じではないのか？」という10年前に解放同盟からいわれたことばを監督は忘れられずにいた。

この映画『私のはなし　部落のはなし』の中で、当時の解放同盟の橋本貴美男氏に改めてインタビューした。橋本氏が許せなかったのは一つだけ、穢多をより蔑む「エッタ」という表現を野球部のチーム名の由来にしたことが、酒席の「笑い話」になっている場面が許せなかったという。「私たちを抜きに私たちのことを決めるな」という言葉を引用しつつ、「当事者だからって正しいことをいうとは限らない。部落の人のほうが寝た子を起こすなという主張を持っている人は多い。でも社会問題を解決するためには部落問題を扱ってほしいという思いを持っています」（7ページ。原文を生かしつつまとめた）。

映画『にくのひと』は満若監督が2007年に制作、2010年劇場公開が決まるも公開中止となった作品である（『パンフレット』25～26ページ）。

部落解放同盟が、陰に陽に圧力をかけて若い監督の完成作品を潰《つぶ》して行ったことが露骨に書かれている。「私たちを抜きに私たちのことを決めるな」という言葉を部落解放同盟の橋本氏は使っているが、笑止千万である。映画の公開を決める「私」は飽くまで満若監督である。もちろん、批判をするのは自由。話し合いもあり得ることである。しかし、常識的な時間内での話し合いの結果、物別れになることは世間ではよくある話。映画の公開を決める「私」は飽くまで満若監督であると相手を尊重する心が一片でもあるなら、後はその人の判断に任せる広い心がなぜ持てないのか。満若監督も橋本氏も気がついているのか、いないのか、この箇所は、結局部落解放同盟の許容範囲内でしか部落問題を扱った映画は作れないことを視聴者に印象づけることとなっている。

橋本氏は映画のこの場面が許せなかったというが、映画を見ることのできない他者からは橋本氏の言い分が客観的に正しいのか、監督がどういう視点でこのシーンを撮っているのか、検証のしようがない。仮に差別的な言動がそのシーンであっても、それは視聴者の判断に任せればよい。また、問題と感じた視聴者が「レビュー評」を多く寄せればよい。判断を広く世間に委《ゆだ》ねるおおらかな姿勢が部落問題への関心を呼び起こし、部落問題解決の一歩となることに確信が持てないから、自分の見解を相手に押し付けることに腐心することになる。橋本氏の態度は、昔からの糾弾路線でものごとを語っており、かつての部落解放同盟の言葉狩り、言論弾圧を知っている人はその言いぶりに辟易《へきえき》するだろう。「当事者だからって正しいことをいうとは限らない。」とは橋本氏に投げつけたい言葉である。

（映画『私のはなし　部落のはなし』では関西在住の60代の女性にインタビューしているシーンがある。監督の意欲的な取り組みで称賛の声が多い。確かにそう思う。ここでは、自分の子どもが結婚する時には身元調査を必ずするという女性の言葉を引き出しているが、監督はそれの賛否を本人に伝えてはいない。しかし、監督が烈しい憤りを内に伏せていることは視聴者には十分に伝わってくる。「この女性は旧習に囚われている女性だ。友達にしたくない人だ。」という感情が視聴者に自然に湧いてくるように製作されている。

映画はそのシーンで語られているセリフだけで判断するのではなく、全体で何を訴えているのか総合的にとらえなければならないということだ。

「橋本氏が許せなかったのは一つだけ、穢多をより蔑視する『エッタ』という表現を野球部のチーム名の由来にしたことが、酒席の『笑い話』になっている場面が許せなかったという。」どういう全体の中で、このエピソードをどのように監督が布置しているのか他人が検証できないので判断の下しようがないと再度書き記しておく。）

橋本氏の続きの言葉である「部落の人のほうが寝た子を起こすなという主張を持っている人は多い。」は、日常の生活から意識する必要のある部落差別が消滅してしまって、部落問題が「寝てしまっている」状態にあると考えるかつての「部落の人」が多いことが判明する。要するに部落問題が解決している状態が日常になっている喜ばしい事態が21世紀に続いているのである。喜ばしい現実を歓迎して、自分たちの運動の成果を確認するのではなく、隠れた差別がいまもあるはずだ、「ウォーリー（隠れた差別）を探せ！」と人間不信のとりこになっていることに気がつかない相手と話し合いをしても生産的なものは生れないだろう。

「出演者に何かあった場合、責任を取れるのか？」「この映画は地名総鑑と同じではないのか？」―部落解放同盟の海千山千のいちゃもん屋が21世紀になって発明した、相手を追い込む言葉がこれであるのが分る。この二つの文を部落解放同盟側に投げつけることもできるのである。「映画を公開中止に追い込んだら、監督や出演者に何かあった場合、責任を取れるのか？」「部落地名総鑑事件直後に公開された部落解放同盟製作の映画『人間の街』は特定された地名が何カ所も出て来るが、あの映画は地名総鑑と同じではないのか？」―と。「差別糾弾」の「決めゼリフ」になっているこの二つのフレーズは、威圧感を相手に与えるだけの、「言ったもん勝ち」の脅し文句に過ぎない。こういうフレーズを吐く手合いには早々に席を立って退出するのが賢明である。

原告の一人である部落解放同盟兵庫県連合会の橋本貴美男さんは、出自を暴かれたことで最愛の娘を自死で亡くした経験を持つ（6ページ）。

映画の中では、21世紀になって、娘さんは高等学校で級友から「臭い」と言われた、と語られている。この痛ましい事実をどう考えたらいいのか。娘さんの自死を検証する客観的な資料はあるのだろうか。

部落解放同盟（※）が毎年刊行している『全国のあいつぐ差別事件』という資料集がある。1978年から毎年刊行されているもので、少し大きい公共図書館に行けば必ず置いてある書物である。各パートに分れており、「教育現場における差別事件」も毎回ページを取っている。筆者は、1978年から2021年の最新刊に至るまでの40年間分をすべて見たが、「学校の級友（生徒）から『臭い』という差別言辞を浴びせられ自死に至った部落の生徒の事例」を発見することはできなかった。それだけを指摘しておく。

※正式には「部落解放・人権政策確立要求中央実行委員会」編。会長は2019年度から葛西光義《かつさいこうぎ》氏。
高野山真言宗大僧正である。

## 部落解放・人権夏期講座（高野山）で上映されていた『にくのひと』

部落解放同盟と不即不離の関係にある社団法人部落解放・人権研究所が主宰する「第39回部落解放・人権夏期講座」（和歌山県の高野山・2008年8月20日～22日まで）の「映画会」で、『にくのひと』が上映されていた。満若監督と撮影舞台になった加古川食肉産業協同組合の理事長である中尾政国さんのトーク内容も、それぞれ全文が文字起しされて『部落解放・人権入門2009　第39回　部落解放・人権夏期講座　報告書』として発行されている（『部落解放』2009年1月増刊号・608号、2009年1月25日）。

2008年、2009年の2年間は部落解放同盟全体の称賛―と言っていいだろう。わざわざ高野山の夏期講座で「映画会」を実施したほどだから―を集めていたのに、2010年の秋のある日（高野山の上映から2年後）、突然部落解放同盟の地方組織である兵庫県連から横やりが入り、公開中止に追い込まれる。安心して道を歩いていたら、白昼突然に後ろから殴られる—若い監督の心中を筆者はそう想像する。ちなみに『部落解放』誌の２００９年、２０１０年、２０１１年のバックナンバーを閲覧しても『にくのひと』を批判する文章を見出すことは出来なかった。皮肉を一言いえば、『にくのひと』が差別を容認する映画なら、高野山の夏期講座で上映したことに当時の実行委員会は自己批判しなければならない。

これらのことは、部落解放同盟の関係者の世界では、「それは差別だ」のフレーズは「言ったもん勝ち」ということをあらわしている。冷静に評価の言葉を寄せても、「それは見えない差別を容認している」と蹴《け》られて負けてしまう。

監督が「ディレクターズ・ノート」で、「詳細は」（『パンフレット』26ページ）と触れている角岡伸彦著『ふしぎな部落問題』（２０１６年10月、ちくま新書１１９０）の「第三章　映画『にくのひと』は、なぜ上映されなかったのか」を繙《ひもと》いて、いちゃもんをつけた「部落解放同盟兵庫県連Ｓ支部」の主張なるもののめちゃくちゃぶりがよく分かった。角岡氏は「部落解放同盟兵庫県連Ｓ支部」の支部長を、「ずいぶん非常識なことをする人だなあ」（前掲書１６４ページ）と書き、「話し合い」の後で、「よくも悪くも、世の中には、いろんな見方、多様な意見がある。それを見解が違うからといって、確認した事実や聞いた意見を書くなというのは、無茶苦茶である。（中略）部落問題をタブーにしているのは、いったい誰なのだろうか？」（同書１６７ページ）とＳ支部長・書記長を批判している。

角岡氏は問題の箇所を以下のように誌上再現している。

映画では、彼の仕事や部落差別に対する考え方を、インタビューを通して見せた上で、次の発言を映し出している。インタビューは居酒屋でおこなわれた。（　）内は私の註で、地名はイニシャルに変えた。

「それよか、逆にそれ（部落差別）を笑いのネタにしてしまうから。Ｓのすぐ隣りにＫって（部落が）あんねんな。監督がそこの人やねん。（自分が所属している）野球のチーム名を決めるときに、Ｓ・Ｋなんちゃらにしよか言うとってん。んで、Ｓ・Ｋエッターズでええんちゃうん言うて。でもこれは怒られるやろなあ言うとった」

このシーンのすぐあと、食肉センターの責任者の中尾氏が、このような若者の軽いノリについて、一般論として次のように述べている。

「なんかバラエティみたいな感覚やな。なんでもお笑いみたいな感覚で済ましてしまおうとするとこがあるな。（部落差別を）深刻に受け取ったら、そんなこと言われへんで、そら。部落やエッタやとか言われへん人がいっぱいおんのに。まだ。現実問題よ。まだ（差別の）厳しさみたいなんかが現実にあんねんて。彼らはまだわかれへんし、そこまで考えてないから口に出すんや」

当時五六歳の中尾氏は、差別を笑いに変える若者の風潮を批判している。若者の差別を笑い飛ばす感覚にしても、それに対する中尾氏の批判にしても、さまざまな意見はあろう。ただ、言えることは、映像では若者の軽口を放置するのではなく、中尾氏の発言によってフォローはしているということである。（同書１４０～１４１ページ）

角岡氏は続けて「部落解放同盟兵庫県連」（引用者注：S支部ではない）の見解に対する満若監督の文書回答も示している。

・二四歳の青年が「エッターズ」と言ったのは、差別意識がないからこそ出た言葉であり、その発言のあとには若者の軽さをたしなめるシーンをつなぎ、賤称語だけが浮かび上らないように編集している。（同書152ページ）

長文の引用をしたが、映画『にくのひと』への言いがかりが、いかに不当なものであるかがわかるではないか。

しかし、映画『私のはなし　部落のはなし』では兵庫県連の橋本氏にインタビューして当時の不当な言いがかりを再度言わせているだけで、満若監督自身や角岡氏の正当な反論を紹介してはいない。角岡氏の著作を繙いた視聴者以外は、「私たちを抜きに私たちのことを決めるな」というフレーズを引用して語る橋本氏の意見が正しいものに思ってしまうことであろう。『パンフレット』16～17ページに収録されている角岡氏の文章（「見えない差別描いた一級品」）では、引用した角岡氏の文章が示した筆の鋭さはどこかへ行ってしまっている。

まとめとして再度書く。部落解放同盟の関係者の世界では、「それは差別だ」のフレーズは「言ったもん勝ち」ということだ。それで相手を黙らせてきた「成功体験」が続いて来たのである。冷静な討論なんて所詮《しょせん》は無理なのである。

『部落解放・人権入門２００９　第39回部落解放・人権夏期講座　報告書』の中に文字起しされた

満若監督と加古川食肉産業協同組合の理事長である中尾政国さんのトーク内容は、２人の誠実な人柄がにじみ出た、感動を呼び起こす文章である。それを読めば将来ある若い監督を応援してやろうという気に誰もがなるだろう。いちゃもんを付けて現在もそれを振り返らない連中に対しては、厳しい批判を続けないといけない。またどこかで被害を受ける人が生まれることになるからである。

## 三　自主映画『東七条』と山内政夫氏

自主映画『東九条』にはデモに参加する山内政夫さんたちの姿も映されている。「ええ時代やったね」と呟く山内さん。映画は、完成後に日本共産党から「部落解放同盟のプロパガンダ映画だ」と批判された。共産党は同和対策事業特別措置法に批判的で解放同盟と対立していた。映画は封印され、山内さんも共産党を除名された（９ページ）。

京都の日本共産党の活動を中心的に報道する週刊紙である『京都民報』（京都民報社発行）１９６９年４月６日付２面に、「映画『東九条』近く完成　すべて青年の手で　スラムの実態を訴える」という記事がある。「文学サークルの山内政夫君（18）」の名前も記されており、「四月二日には録音なしの試写でテストし、五月には地域で上映公開の予定です。」と非常に好意的に報道している。

自主映画『東九条』についての続報記事は、それ以降見当たらない。映画は公にならなかったが、当時の日本共産党は自主映画『東九条』について批判を公にしていない。復元された自主映画『東九条』のエンディングには「日本共産党七条支部」の名前が記されているのが現代の観客の眼に自然に入る。批判どころか好意的な態度を示していたのが、日本共産党の態度であったと言える。続報が無いので日本共産党の正式の態度が分らないと現代の我々は判断するのが正しいのではないか。

〝映画は完成後に日本共産党から「部落解放同盟のプロパガンダ映画だ」と批判された〟とあるが、『京都民報』での批判は見当たらない。「プロパガンダ」という言葉は、1960年代では相手を批判する時に使うことはなかった。戦前からの「運動用語」では、「アジプロ」（アジテーション・プロパガンダ）は積極的な意味合いで使われていたのである。ゆえに、「プロパガンダ映画だ」という言い方は現代の視点で山内政夫氏か監督かがしたものであろう。

この時代、部落解放同盟京都府連合会は三木一平が委員長であったが、それを分裂させたのが朝田善之助であった。要するに「部落解放同盟京都府連」を名乗る組織が2つあるという分裂状態に陥ったのである。あちこちで暴力事件を引き起こした朝田善之助一派を日本共産党は当初から厳しく批判したが、「部落解放同盟」全体とは厳密に区別していた。だから、「部落解放同盟の…」という言い方はこの時代はしていないのである。

『パンフレット』の12ページに、山内政夫氏のプロフィールが掲載されている。「17歳で日本共産党に入党」とあるが、昔も今も日本共産党に入党できる年齢は18歳である。日本共産党を除名されたことを再度書いているが、昔も今も、日本共産党員でありながら、共産党とは無縁の多くの人々の前で（公然と）日本共産党を攻撃する態度を取らない限り、除名という最終的な処置をされることはない。例えば、自主映画『東九条』の記事が載った翌週4月13日付『京都民報』には、京都大学の暴力学生を擁護する新聞を党組織の中止指示を無視して公然と配布した学生党員を除名した記事が掲載されている。当時の「日本共産党規約第六十条」には、「規律違反の処分は、事実にもとづいて慎重におこなわれなくてはならない。処分は、訓戒、警告、機関からの罷免、党員権の制限、除名にわける」と5つの段階を踏むことになっている。最終的に除名に至るまでは同志的な説得を続けるということである。山内政夫氏を除名処分にするならば、日本共産党の側からも相当な言い分があるはずである。たとえば、中国の毛沢東《もうたくとう》派の暴力分子に同調して教職員組織から除名された京都大学教授の井上清などを当時の日本共産党は詳細に批判している。山内政夫氏を公然と批判する記事を『京都民報』で見つけることができないのは、「除名」処分はされたが公表するに及ばないということだったのか。それとも、何らかの形で日本共産党の活動に消極的になり、「離党」したか、長期にわたって活動に参加せず、離脱の意思を明確にしたので「除籍」されたかのいずれかと想像するしかない。

肝心なのは、日本共産党に関することを、この映画で触れる必要などまったくなかったということだ。映画は多くの人々に、部落問題に関する党派的なカラーを脱色していることを評価してほしいと願って監督は作ったのであろう。天下の公党である日本共産党について、日本共産党が反論できない環境で触れることは、映画が持ちたいであろう公共性からはふさわしくない。

『パンフレット』21ページには、「同和対策事業特別措置法」「日本共産党が反発」「全国部落解放運動連合会　日本共産党派が分離」と「作成：満若勇咲」と署名入りで書いている。

日本共産党が「同和対策事業特別措置法」を批判したのは、暴力・利権の温床になることを予見して全面的に賛同できないと態度を表明したのである。「同和対策事業特別措置法」の下で使われる税金をいち早く自分たちで独り占めし（窓口一本化）、それを批判する部落解放同盟支部のメンバーを次々に除名して行ったのが朝田善之助率いる「部落解放同盟」（朝田一派）であった。朝田一派から除名された人々が、「部落解放同盟正常化全国連絡会議」を結成したのは至極当然である（全国部落解放運動連合会は、後の1976年3月からの名称）。大阪では部落解放同盟大阪府連委員長でれっきとした社会党員だった岸上繁雄氏が朝田一派と袂《たもと》を分かち、正常化連・全解連の活動に参加した。「日本共産党派」と決めつけるのは好くないだろう。朝田善之助らが進める窓口一本化や暴力糾弾（八鹿《ようか》高校暴力・監禁事件が典型）は、20世紀末には国民的に否定されている。当時は少数であった日本共産党や良識派の意見は、いまや国民の常識となったと言えよう。

監督は、意識的にか、無意識的にか分からないが、一方的な「部落解放同盟」史観に染められていて、党派性、攻撃性を抑制していない。日本共産党に対する批判的な思いは有るのだろうが、映画の公共性をもっと考慮し、些細なこととしてデリート（削除）していた方が映画としてもっと良いものになったであろう。

参考に、1969年当時の日本共産党の公式文書から引用しておこう。

「答申」（引用者注：同和対策審議会「答申」）が出された当時、わが党は、こうした「答申」のもつ積極面と同時にその重大な欠陥をあきらかにするとともに、自民党政府がこの「答申」を利用して新しい融和政策をつよめようとしている危険性を正しく指摘しました。そして、部落解放運動が、「答申」を無条件に礼讃したり、機械的に反対するのではなく、その二面性を正しく分析し、部落住民の要求に依拠して、「答申」を正しく運用し、なによりもまず自民党政府の融和政策と対決して、部落住民の切実な諸要求と闘争を基礎に、民主団体との共同闘争をつよめ、部落解放要求貫徹全国闘争を前進させることの重要性を強調しました。（「『特別措置法』問題と未解放部落住民の当面する要求獲得のために―日本共産党当面の政策」日本共産党中央委員会農民漁民部編『今日の部落問題』１９６９年２月、２２０～２２１ページより）

世論の圧力に押されて住民の要求に沿った施策が実施される場合でも、政府自民党は新しい企みを常に講じて来るので警戒しなければならないと革新政党としての当然の警戒心を当時の日本共産党は公表したに過ぎない。その後の歴史は、同和行政の分け前をめぐって部落解放同盟は革新自治体行政と対立する立場に身を置くことになり、１９７０年代の中頃から、日本共産党を除く「オール与党」地方政治の仕掛け人（「革新自治体打倒・自民党地方政治の復活」）となった事実は、「政府の融和政策」の一つの完成型と言えるものであった。それは革新自治体を「共産自治体」と捻じ曲げて、選挙のたびに全国でデマ攻撃していた勝共連合＝統一協会の動きと軌を一にするものであった。

「南京虫のうた」の繰り返しの朗読で終わる後味悪いエンディング

『パンフレット』には記されていないが、「南京虫は知っている。エッタの血もそうでないものの血も同じ味だった」という山内政夫氏の詩「南京虫のうた」が繰り返し朗読されて、この映画は終わってゆく。山内政夫氏は「柳原銀行記念資料館」事務局長で崇仁地区のまちづくりに携わっている人である。山内氏は立派な業績を残されているが、残念ながらこの詩はメッセージが十分に読者に伝わらない失敗作に思える。わざわざ「エッタ」という言葉を南京虫に語らせている意図が不明である。

この詩は『パンフレット』30ページの「出典」によれば、山内政夫『詩集　抵抗』（羽里書房、1975年）とあるのだが、国会図書館サーチにも、大学図書館検索のCiNiiにも、京都府全域の図書館検索にもまったく引っかからない詩集なので、鑑賞しようにも手の施しようがない。「連作詩エッタ　古賀忠昭　『現代詩手帖』昭和52（1977）年10月」を拾い上げている『部落問題を主題とした近代文学作品文献目録』（広島県立図書館、1985年3月）にも未掲載なので、まったく話題にならなかった詩集なのであろう。監督は山内氏に敬意を表して知られざる詩集を紹介しようとしたのだが、映画を見た人には無雑作に使われた「エッタ」の語だけが印象に残る後味の悪いものになった。「エッタ」の語を弄《もてあそ》んだシーンがあると映画『にくのひと』の公開上映を不可能に追い込んだ兵庫県の橋本氏には何ら差別的に思えなかったとは、ちょっと常人の感覚とはずれていると言わざるを得ない。

かつての処刑場であった京都の六条河原の「首切り又二郎」に触れる中で、斬首してからこういう風にして流れる血を…と山内氏は語ってゆく（『パンフレット』5ページ。詳細は書かない）が、監督も山内氏もこの映画でその残酷さを語る必要があったのか、これも後味が悪い結果しか残さないではないか。山内氏が語り全体の中でそれに触れたとしても、完成した映画に組み入れる必要があったのか、「南京虫のうた」の挿入もこの件も、何か常識的なものから逸脱しようとするエキセントリックな感覚を監督から感じざるを得ない。ご本人は気づいていないかもしれない。

## 四　その質問の非常識さに疑問を持とう

（示現舎代表の）宮部さんに「もし子どもが部落出身者と結婚するといったら?」と聞くと、「そもそも反対とか賛成とかする問題ではない」と即答した。（9ページ）

「もし子どもが部落出身者と結婚するといったら?」という質問は、いままでの世論調査などでもよく見られるものなので、それに倣《なら》って満若監督は宮部さんにしたものだろう。監督は極めてスタンダードな質問として宮部さんに投げかけたものであろうが、その質問の非常識さに気がついて欲しい。子どもが結婚したい相手は、まずどこそこの出身者または居住者ではなく、個性を持った一人の人物であるはずである。その人物がどういう個性を持った人物であるのかを最初に問うのではなく、どこの出身か、どこの居住者かを優先して聞くことが非常識だと言うのだ。質問内容を少し修正するだけで、この質問の非常識さが明白になる。「大阪市の女性と結婚する」「東京都の男性と結婚する」と子どもが言えば、どの親も「もっと相手の個性（性格なり職業なり）を話してくれないとあまりにも漠然としている。本当に結婚を真剣に考えているのか」と叱るのも当然である。そんな非常識なことが部落問題の世界にだけまかり通っているのである。それ自身差別的な意味合いを含む質問であると言っておこう。

「そもそも反対とか賛成とかする問題ではない」と即答した宮部さんは極めて冷静である。次に宮部さんの返答を参考にして、「もし子どもが部落出身者と結婚するといったら？」の質問の愚かさを深めて行こう。

「部落出身者」といっても様々な人がいる。部落解放同盟の活動を肯定する人も、強く反対する人もいる。日本社会全体と同じように多種多様な人が存在するのである。例えば、糾弾活動を是認する部落解放同盟の積極的な活動家である人と結婚したいと子どもがいう時、または、そんな部落解放同盟の活動に強い拒否感を表明している人と結婚したいと子どもがいう時、または、社会的な活動に関心を持たない、仕事と家庭を愛する普通の部落の人（活動家が普通ではないというのではない）と子どもがいう時、この主な3例でも親としての態度がまったく異なるのは当然である。ましてや現実は無数の事例に満ちている。「もし子どもが部落出身者と結婚するといったら？」の質問の非常識さ、愚かさに若い監督も世間の人々も気づいて欲しい。

## 五　部落解放同盟の暴力・糾弾・利権あさり行動についての言い訳

これまで一部の運動団体の幹部や行政の担当者などによる不祥事がたびたび起きてきた。2002（平成14）年に出版された『同和利権の真相』を読んだ松村元樹さんは、「まったく宮部くんのいってることと一緒のことやね」と感想を述べた。「こうしたことが実際になかったわけではないとは聞き及んでいる。でも解放同盟の全体的なものではなく、むしろ自分としては集団で延々と吊し上げるとか、猛烈な攻撃に晒すということは全く経験していない。そういう視点からも極端な表現ではあると思いつつも、一方で、事実でもあるということも感じる」と慎重に言葉を選びながら話した。（9ページ）

松村元樹氏は1981年生まれ、八鹿《ようか》高校事件など部落解放同盟の暴力・糾弾が荒れ狂った時代のはるか後に生れた世代である。彼が21歳になった直後に、全国では同和行政が終結した。部落解放同盟への批判や同和行政の腐敗の報道をリアルタイムで体験していない世代である。「こうしたことは…部落解放同盟の全体的なものではなく」という言い訳は、かなり前から部落解放同盟関係者が使いまわしていた言い方であって、世代を超えて彼らの間で伝承されていることが分かる。集団的な吊し上げや猛烈に攻撃に晒《さら》すとかはまったく経験していないと言っているが、世間の厳しい批判があって21世紀になってそういうことがまったくできなくなったことを表しているだけだ。「一方で、事実でもあるということも感じる」と言っている。文献に詳しい人のように思えるが、部落解放同盟が自分の非を事実でもって認めて反省の意を表明した事件があるのならば示してほしい。糾弾闘争を手放さないのが、部落解放同盟の基本方針である。

12ページの経歴紹介を見ると松村元樹氏は「公益財団法人『反差別・人権研究所みえ』常務理事兼事務局長。部落解放同盟前川支部書記長」とあるれっきとした部落解放同盟の重責の立場にある人である。部落問題を語るニュートラルな立場にある人ではない。

筆者は三重県での部落問題、部落解放同盟問題はまったく知らなかったが、映画を注視すると見過ごせない問題があることに気づいた。

## 六　三重県伊賀市のいまだに続く問題点

> 「前川では今でも住民のための識字学級や地区学習会が開かれ、他地区の住民に部落問題への理解を促す人権研修が行われている」（9ページ）。
> 「前川の市営住宅は、同和対策事業終了後も地域にルーツがあることを入居条件にしている」（10ページ）。

映画で映された何かのアルバムに「識字学級」の写真が1枚貼り付けてあった。それを見て驚いた。学級の正面に部落解放同盟の解放旗が掲げられていたからだ。「識字学級」は部落解放同盟の支部が自主運営しているものなのか。そうではあるまい。「識字学級」も「地区学習会」も「人権研修」もすべて公的に税金が投入されているものなのではないか。それを部落解放同盟支部が私物化している象徴的な出来事である。本人たちは当然だと思って意にも介していない。「識字学級」も「地区学習会」も「人権研修」も、すべて彼らの意に沿った講師を呼んで実施しているのであろうと容易に推察できる。20世紀ならともかく、21世紀になっても「識字学級」が必要なのか。必要なら前川地区だけ必要だというわけではあるまい。地域的に偏ることなく、伊賀市全域で実施すべきであろう。そして、伊賀市全域の住民の要望を聞いて必要度を判断し、目標を決めて時限的な施策として実施すべきである。外国人対策なら「識字学級」とは別の枠組みで考えるべきであろう。

「地区学習会」とは何なのか。21世紀に入って「地区学習会」を組織している府県はどれだけあるのか。かつては、名称はいろいろあっても、税金で運営し、部落解放同盟が立てた目標にそって中身を決めて実施する「洗脳」機関であった。

「他地区の住民に部落問題への理解を促す人権研修が行われている」とは、「他地区の住民」を随分見下した言い方であるのに気がつかないのだろうか。

「（前川地区は）隣接する山出、上村地区の人々から激しく差別されてきた」（４ページ）と『パンフレット』に書き、映画のナレーションでも語られているが、この映画を見た山出、上村地区の人々で憤慨《ふんがい》する人もいるだろう。いつの話なのかと。また、差別が厳しい時代であっても、差別しない良識ある山出、上村地区の人々もいたであろう。地名を出すなと言いながら、自分はまわりに配慮しない無神経さが感じられる。それが相互理解を進ませない要因の一つだとなぜ気づかないのだろう。

「他地区の住民に部落問題への理解を促す人権研修」でもっとも必要なのは、相互交流と相互理解を進めるための自由な意見交換である。例え、差別的と思える発言に出会っても、それを受け留めたうえで理解を求める粘り強い態度が大切ではないか。上から目線のお説教調の講師のお話を拝聴する「人権研修」は有害である。「ねたみ差別」のことも、具体的な事例を出して率直な意見交換をすればいいではないか。年に数回のそういう相互交流と相互理解とを進める「人権研修」を継続して行けば、5年、10年で地域は見違える程変わるだろう。

「前川の市営住宅は、同和対策事業終了後も地域にルーツがあることを入居条件にしている」とあるが、21世紀になってまだこういう同和行政をしているのかと呆れてしまった。部落と部落外との壁である、誰にも見える壁である。こういう実体的な逆差別が「ねたみ差別」の原因であることになぜ気がつかないのか。伊賀市と部落解放同盟との異常な関係―部落解放同盟の糾弾を怖れるが故に20世紀の間違った施策を見直せない―がここに典型的に表れている。

　地域の古老の廣岡さんは「他所の人もここに入ってきてほしい」（10ページ）と話をされているが、他所の人が入れないシステムを作っているのが他ならぬ伊賀市の部落解放同盟なのである。「地域にルーツがあることを入居条件にしている」と語っているが、誰が「地域にルーツがある」と判断するのか、行政が「部落民」であるか、ないかを判断するのか。いずれにせよ愚《おろ》かで有害なことである。

「柘植《つげ》町で人権活動に取り組んでいるママ友」（9ページ。ふりがなは引用者）の一人「藤田真弓さんは柘植小学校に講師として赴任して」、夜の地域の学習会？に行ったことを話す。小学校の勤務が終わってから、夜に「仕事」として外出することにパートナーが不審に思うことが話される。学習会？人権研修？が教職員として必要ならば、それは勤務時間内に行われなければならない。そのことに気づいているからこそパートナーは不審の念を顔に出したのである。そして、勤務時間外に行われている学習会?人権研修? なので藤田真弓さんを雇用した教育委員会の主催ではない。藤田真弓さんは出席する義務と責任はまったくなかったのである。要するに、同調圧力を振りかざして出席させたのである。これが人権侵害でなくて何なのだろう。

公立学校の教職員を地区内の施設に呼んで、時には勤務時間外に自主的を装って「研修」する。こういう20世紀の誤った同和教育の遺物が、伊賀市では堂々と行われていることにまたまた呆れてしまう。もの言うことの出来ない教職員の辛《つら》さは想像に余りある。

ここまでは、映画から垣間見える伊賀市の問題点である。容易に窺い知れない伊賀市の同和行政の歪みを、この映画では「差別者」とされている宮部龍彦氏のYouTubeの動画が暴いてくれている(YouTubeで「伊賀市」を検索すると上位に出てくる)。

①2020年10月28日　解放同盟三重県連委員長の伊賀市八幡町駐車場収益横領疑惑について
②2021年1月29日　松岡克己解放同盟三重県連委員長・中央委員の伊賀市嘱託職員給与不正取得について
③2021年5月28日　伊賀市解放同盟の行政交渉暴言、非正規職員参加強制
④2022年1月7日　「伊賀市人権問題に関する保護者意識調査」に回答してみた

①は、市営住宅の駐車場代金が自治会だけではなく部落解放同盟支部に入っていた問題である。しかも部落解放同盟八幡支部長も兼任する松岡克己氏個人の口座に入っていたという告発があったのだ

から、かつての大阪の飛鳥会事件の再現であるといえる。

②は、松岡氏が伊賀市の嘱託職員であった時に，勤務時間中に部落解放同盟の活動に従事していた証拠を挙げて追及しているものである。

宮部氏が指摘していないことをここに書くと、まず月17日間（普通は勤務日は22日程度）の、朝8：30～17：00までフルタイムで伊賀市の公民館／生涯学習センターに勤務する人が、「部落解放同盟三重県連委員長・中央委員」の重責を担えるのだろうか、信じられない。部落解放同盟の他の役員が「委員長は委員長の仕事に専念して下さい」と注意しなかったのだろうか。「部落解放同盟三重県連委員長・中央委員」の職責は無給なのだろうか。公務員の副業は「嘱託」職員であっても大きく制限されている。給与の二重取りを防止するために「無給証明書」？を当局は松岡氏に提出させたのだろうか。「伊賀市の嘱託職員」は毎年公募されているものである。それに応募する「部落解放同盟三重県連委員長・中央委員」としての市民感覚は常人とは違うようである。社会運動団体の県の長であるならば、他の一般市民・県民に「嘱託職員」の席を譲るのが普通であると考える。

「令和4年度伊賀市会計年度任用職員（社会教育指導員）の募集について」が２０２２年5月18日付で公募されている。「主な職務内容」を見ると、伊賀市内での活動が当然の職務内容であって、ＹｏｕＴｕｂｅで告発されているような、三重県知事と会見するとか「三重県人権大学講座」で講演するとかは、「職務内容」から大きく外れていると考えるのが普通であろう。「社会教育指導員」は講演者を依頼するのが仕事であって、自ら講演するのはふさわしくない。まして、「三重県人権大学講座」では部落解放同盟県委員長として講演しているのであって、「伊賀市社会同和教育指導員」（当時の名称）としての肩書で講演したのではあるまい。いずれにしても二重に非常識な行動である。③は、同和行政が終結してからもはや20年が経過したのに、部落解放同盟が行政交渉する課題がこれほど山積しているとは驚きである。

「2017年度　部落解放・人権行政確立に向けた伊賀市行政交渉　要求書　部落解放同盟伊賀市協議会」がアップされている。宮部氏が表紙をめくると日程が書かれている。12月14日（木）、15日（金）は午後6：30から、16日（土）は朝10時から1日中である。いずれも公務員の勤務時間外である。公務員の「人権確立」を蹂躙《じゅうりん》する恐るべき無神経さである。日本全国の自治体で住民団体と話し合いをすることはどこでも行われていることであるが、公務員の勤務時間内で行われるのが常識である。伊賀市には住民団体がたくさんあると思われるが、平日の勤務時間終了後2日、土曜日の全日の3日にわたって話し合いをしているのであろうか。そんなことをすれば、伊賀市役所の業務は完全にストップしてしまうだろう。要するに「部落解放同盟伊賀市協議会」を特別扱いして、他の住民団体を差別しているのである。これでは、伊賀市民の部落問題への理解が進まないのは当然ではないか。

④は、①から③の伊賀市の病める部分が突出したアンケートである。「伊賀市人権問題に関する保護者意識調査」の実施主体は「伊賀市教育委員会」である。こんな「保護者意識調査」をしている自治体が他にあるのだろうか。

だいたい、教育委員会のすべき調査は、「教育行政に対する保護者の要望調査」である。「保護者意識調査」とは、お上が住民の意識レベルを調べてやるという限りなく傲慢《ごうまん》なものである。民間の世論調査ではなく、公的機関が「意識調査」をするのは無言のうちに住民に圧力をかけることになり、本当の意味での「意識調査」は不可能である。「保護者意識調査」を実際に回収する実務に当たっているのは現場の教職員である。提出しない保護者に電話連絡をしなさいと管理職から命じられていることは容易に想像できる。電話連絡をもらった保護者もいい気持ちがしないだろう。こういう「保護者意識調査」が、「人権問題とはうっとうしいもの」と住民の間に醸成する結果しかもたらさないことに考えを及ぼすべきである。

映画『私のはなし　部落のはなし』は「伊賀市柘植町」を時間をとって取り上げているが、部落解放同盟の横暴が今も続いている問題地域である。宮部龍彦氏の「部落探訪」がなければ明るみにならなかった。映画『私のはなし　部落のはなし』が、部落解放同盟に無批判な内容ゆえに、伊賀市の地域住民からの反発をもたらす可能性をはらんでいることを警告しておく。

「令和4年第3回伊賀市議会定例会　一般質問3日目」（2022年6月22日）を伊賀市のHPからYouTubeで見ることができる。日本共産党の釜井敏行議員の質問に答えて、「保育園児の扱い」「同和奨学金」に疑問を感ずると市長が答弁している。要するに逆差別が行われているということだ。「人権生活環境部長」は「一般施策の中で行なっている」と再三にわたって答弁しているが、「同和奨学金」は経済的に困難な旧同和地区の生徒が対象であると教育委員会事務局長が答弁している。経済的に困難な生徒は旧同和地区の生徒とは限らないことは、少し考えたら理解できることである。また「部落民の認定」を教育委員会が行っているとは！　市長も憂慮すべき「逆差別現象」「部落民認定」が、伊賀市の一部で見直されること無く放置されているということだ。

釜井議員は「部落差別に起因する就職差別・職場差別があるなら報告してほしい」と「人権生活環

境部長」に質問している。「隣保館で相談を受けたことがある。口外はしないでほしいということなので今回は相談だけ。だから企業名は公表しない。」と「人権生活環境部長」が答弁していた。つまり社会的に指弾しなければならない職場差別ではないということだ。これについても市長は、「事実であれば企業名も公表すべきだ」と部下である「人権生活環境部長」の態度をあきらかに批判するスタンスを取っている。

伊賀市においても、部落問題の解決が党派を超えて着実に進んでいることが分かったのは、大変喜ばしいことである。

## 七　「ねたみ差別」「一般の人は…」について

> 同和事業で前川の生活環境は改善したが、他地区の住人から「部落だけようなった」といわれた。「妬みってな、ほんまにきつい。妬み殺すってほんまやで」（10ページ）。
> 「あのときの悲惨な暮らしを思ったら、今は極楽やな。でもうちらが極楽やとおもうなら一般の人はもっと極楽やな」とも。（10ページ）。

最初の言葉は伊賀市の前川地区の古老廣岡さんの言葉。次は崇仁の高橋さんの言葉である。2人の言葉を聞くと部落問題の解決は永遠に出来ない、『橋のない川』に橋は絶対に架けられないと暗澹《あんたん》たる気持ちになる。「33年間で16兆円」（5ページ）を費やした同和行政は何の意味も無かったのかと絶望感に襲われる。数々の年輪を重ねてきた部落の年配者の実感かも知れないが、検証もなしにそのまま鵜呑みにすることは出来ない。

まず、伊賀市の現在の行政ではあるが、未だに「部落にルーツのある人」しか市営同和住宅に入居させない事態が続いていると映画では語られている。国の同和行政が終了してすでに20年が経過した現在、「部落にルーツのある人」を誰が判定するのか、例えば、保育所の入所には保護者の勤務証明書が必要書類であるのは日本全国共通しているが、「部落にルーツのある人」の証明書を誰が発行するのか、経済的に恵まれていない伊賀市の市民よりも、何ら客観性のない「部落にルーツのある人」を絶対化するとは逆差別そのものである。誰の眼にも明らかな逆差別を放置しておいて、「妬み差別」の言葉を投げつけるのは市民全体から理解が得られるものではない。交流が進まないのは当然ではないだろうか。部落解放同盟伊賀市協議会が、この方針を堅持して行政にもそのように要求しているからである。

そもそも1970年代の初めから、同和行政は格差を早急に是正することに眼目があり、財政的にも他の地域とのバランスを考えて公正に行い、同時に一般施策を充実してゆく、そうすることによって「部落」と「一般」の融合も進んでゆく、というのが全解連や日本共産党、部落問題研究所の見解であった。

部落解放同盟は当然の批判を意に介することなく、バランスを欠いた超デラックスな箱モノをあちこちに建設し、部落の中でも自分たちの意見とは異なる人々を行政の施策から排除（窓口一本化）して部落の中に思想差別を作り、部落民宣言や「狭山闘争」なるものを学校教育にもちこんで教育の中立性を侵犯する行為を30年近くも続けてきた。すべて同和行政の公金を自分たちが独り占めしたいからであった。市民の当然の批判を「妬み差別」と言い続けてきたのは、市民の批判をかわすためのものでしかなかった。１９７０年代にバランスを欠き過ぎて財政破たんを来した地方自治体が日本共産党を与党とする公正・民主の同和行政に転換して行ったのは市民の賢明な選択であったのである。

「うちらが極楽やとおもうなら、一般の人らはもっと極楽やな」―高橋さんは崇仁地区から移転して別の市営住宅に住むことができるけれども、阪神淡路大震災で仮設住宅から追い出された人たちも現に存在するし、市営住宅に住むこともできない人々（京都市も伊賀市と同様、「部落にルーツのある人」しか「同和住宅」には入居させないという）も数多くいる。ホームレスやそれに準ずる人々が日本全国にいることは、ちょっとアンテナを張れば報道されていることが耳に入るので、どなたが言おうとも「一般の人らはもっと極楽やな」とはいただけない言葉である。

高橋さんは崇仁地区の市営住宅に入居者が無くなっていき、夜に明かりのつかない空き家があちこちにあるやろと語り掛けるが、京都市が「同和関係者」以外の入居を認めないから空き家が増えて行っているのである。住居に困っている「一般の人」の入居を認めるのが良い、それが交流になるとなぜ言ってくれないのであろう。最近では、オープンに入居させている例が住宅の一部にあるようだ。

廣岡さんと高橋さんの言葉からは、部落解放同盟の「朝田理論」―部落差別意識は空気を吸うように充満している、部落民以外は生まれながらにして差別者である―の強い影響を感じざるを得ない。

何かことがあると「部落」と「一般」を対比させる悪しき思考様式に囚《とら》われていると言わざるを得ない。全解連―人権連、部落問題研究所で活動されている人たちはこういう思考回路を持たない。きっと分かり合えるという信念がバックボーンにあるので、厳しい言葉を投げつけても温かみが感じられてこちらも素直に心を開いて語り合える。「朝田理論」に絡《から》めとられず、「部落第一主義」「部落排外主義」に囚われない心構え、そして研鑽《けんさん》された精神から学ぶべき点は多く、常に励まされる。

## 八　崇仁小学校長・伊東茂光、「部落と天皇制」について

「差別が見えないようにと京都駅前に木を植えられた。小学生のときに昭和天皇のお召し列車に向かって万歳をした。元日には必ず学校で君が代を歌った。（中略）天皇制と部落差別の関係を黒川みどり教授はこう説明する。（中略）天皇制をなくせば部落差別がなくなるという問題ではない。必要十分条件という関係ではないが、被差別部落を温存している社会というのは、天皇制を支えてきた社会、それを克服できていない社会とパラレルにあるということをいいたいですね」と答えた。(11ページ)

ここは高橋さんの回想と高橋さんのお友達の年配の女性の回想とがごっちゃになって、しかも崇仁

小学校の戦前の有名な校長である伊東茂光の記録された音源も絡むので、視聴者には戦前の話なのか、戦後の話なのか混乱をするところである。

まず、「差別が見えないようにと京都駅前に木を植えられた」のは、オールロマンス事件当時の京都市長（高山義三）のしたことだから戦後の話。高橋さんのお友達の年配の女性の回想である「小学生のときに昭和天皇のお召し列車に向かって万歳をした。元日には必ず君が代を歌った」は戦前・戦中であるのか、戦後のことなのか不明である。ただ、「天皇陛下の為にはほんの少しのためらいもなく命を捧げるのが我々の使命である」と声高に叫ぶ崇仁小学校校長の音源が紹介されているので、視聴者は戦前・戦中のことと判断してしまう。そして映画は、「被差別部落と天皇制」をテーマとする場面を様々なカットで進めている様な作り方をしている。文学者中上健次がフランスの知識人ジャック・デリダと対談したフレーズである―天皇も部落も文化的産物なのだからどうしようもない―を突然画面にアップし、だれもそれにコメントすることはなく、現天皇の祝賀パレードをスポットとして間に挟《はさ》んで、最後は黒川みどり教授のお話で「被差別部落と天皇制」の場面は終わってゆく。

まず、約80年後の我々が視聴できる音源を紹介するのは大変貴重なことではあるが、被差別部落の中にある崇仁小学校では極端な天皇主義的教育が行われていたと視聴者に印象付けたいのなら、それは的外れである。「天皇陛下の為にはほんの少しのためらいもなく命を捧げるのが我々の使命である」と子どもたちに語った校長は、日本全国すべての校長がひとりの例外なく行ったことである。たまたま伊東茂光校長の音源がいまに残っていたから、約80年後の現在紹介できたのである。

また、映画では伊東茂光崇仁小学校校長についてひとことも言及していないので、彼がどういう教育を行ったのか総合的に考える機会を示していない。

伊東茂光は1920（大正9）年10月、崇仁尋常小学校訓導兼校長として赴任した。3年前に京都帝国大学法科を卒業し、京都帝国大学付属図書館の嘱託であったが、次の適任者が現れるまでの中継ぎとして依頼されたのである。世間は、京都帝国大学出身者が貧乏小学校の校長に何でわざわざ赴任したのかと随分不審に思ったようである。「部落問題は、我が少年時代からの関心事、これほど我が国にとって重大問題はない。正に聖業ではないか。」と伊東茂光は覚悟し、教育に取り組んでゆく。情熱的な若い教師集団を形成し、彼らとともに20年間も校長であり続けた。小学校の卒業生が進学した女学校で差別をうけたことを聞き及んだ彼は、女学校を訪問して差別改善を訴えてゆく。崇仁小学校の教育が全国での融和教育の模範とされていったのである。「天皇の為に命を捧げることを第一と教え込むことが教育の使命」という戦前・戦中の教育の限界を超えて、伊東茂光が部落解放のために積極的な役割を果たしたことは疑いがない。伊東茂光は、戦後日本政府が降伏文書に調印した1945年9月2日に崇仁国民学校校長の辞表を提出した。彼なりの誠実な責任の取り方であったと言える。映画で伊東茂光のことに触れるのなら、20数年間にわたって積極的な役割を果たしたことに一言あってしかるべきではないか。歴史上の人物を評価するさいの思わぬ不公正さを監督に感じざるを得ない（参考文献：神楽子治『校長ありき　伊東茂光と崇仁教育』部落問題研究所、1987年）。

次に「被差別部落と天皇制」？の問題に触れる。監督は、黒川みどり教授と中上健次の言葉を援用して何を言いたいのか。監督のメッセージはあいまいだ。これが研究論文なら、2つの学説を引用しながら論文作成者が自分の見解を述べないのだから、研究論文としては失格であると査読報告をせざるを得ない。イメージで勝負をする映画芸術なら許されると考えているのだろうか。要するに、部落差別は永遠になくならない、天皇制が消滅してもなくならないという部落差別永続論を主張したいのか。客観的には部落差別永続論であるとしか言いようがない。もしそうであるなら、この映画を作成し、公開することは無意味で徒労そのものであろう。30年以上続いた「同和行政」も、そして今もあちこち隠れて行われている部落解放同盟への公金支出も壮大な無駄金であることを示している。

天皇制がなくなっても部落差別はなくならない、少なくとも天皇制と部落差別はパラレルな関係にあるというのだが、では現在の部落解放同盟や類似の団体は「天皇制打倒」をスローガンにしているのか、「部落差別とパラレルの関係にある天皇制打倒」の「部落住民大会」を解放同盟は毎年組織しているのか、部落解放同盟が選挙のたびに推薦している立憲民主党や社民党の候補は「天皇制打倒」を選挙公約に掲げているのか、いずれもNOである。現実の政治論に置き換えるとまったく意味をなさない、学問めいた言葉を使った空論でしかない。

そもそも黒川氏は戦前の絶対主義的天皇制と戦後の象徴天皇の制度の違いが分かっていない。戦後の天皇の制度は日本国憲法のもと「国政に関する権能を有しない」（第四条）ものなので同列に扱えるわけがない。戦前、戦後の区切りを説明できない黒川氏は、だから戦後の部落の劇的な変化を語ることはしない。黒川氏の部落の歴史の語りには「日本国憲法」の施行が一言も出てこない欠陥解説であると前述（Ⅰの「取り急ぎ一筆」）したが、ここでもそれを繰り返し強調したい。明治4年の賤称廃止令から敗戦までの約70年間を語るのは熱心だが、「日本国憲法」を武器に日本の民衆が自己の権利を拡充する、1951年の独立以降の約70年間の歩みを語ることに消極的なのはなぜなのか。「部落差別永続論」がその心中にあるからだと言わざるを得ない。

華族や士族の制度が廃止されて数十年経過し、国民の話題になることがまったくない現在の日本では、かりに部落差別に類する事象が生起しても、「象徴天皇の制度」とパラレルの関係にあることはまったく証明することはできない。いうなれば、現在の「象徴天皇の制度」のもとでも部落問題の解決はそれとは関係なく着々と進んでゆくのだ。かつての部落に関係のある人で、自分達の苦しみの源は「象徴天皇の制度」にあるという人がどれだけ存在するのか。再度書くが「部落住民大会」を毎年組織できる熱量ある活動が全国あちこちに展開されているのか。かりにあるとしても、かつての部落関係者からカルト扱いされるだけであろう。

私の主張は、「部落問題と象徴天皇の制度とは関係がない。現在の象徴天皇の制度の下でも部落問題の解決は着々と進行している。」である。かつての部落関係者の多くの人々の生活実感に即した意見であると自負している。

## 九　中上健次の発言について

『パンフレット』には書かれていないが、その後の「部落と天皇制」を引き出すきっかけとなった文学者中上健次（１９９2年没）の発言について、原文を引用して言及しておく。

「要するに、部落も天皇も文化で出来てるんですよね。例えば、牛を飼ったから、あるいはレザーを扱ったから最下層に置かれるんじゃなくて、天皇も賤民も文化的産物なんですよ。だから、どうしようもない。ここでもどうしようもないということが決まってます。」（フランスの知識人ジャック・デリダとの対談「穢れということ」１９８6年12月での中上健次の発言より／出典『中上健次発言集成3』第三文明社、１９９6年9月、27ページ。以下、この章のページ数は『中上健次発言集成3』による）。

対談のこの箇所には「アブジェクシオン（おぞましさ）の位置」と中見出しがあるが、「天皇とアウト・カースト、要するに部落民がほとんど背中合わせにくっついている」（23ページ）、カーストなのだが「インドのカースト制のような形には見えない。相互補完的であり、交換可能」（25ページ）、「被差別部落は（松阪牛の—注：引用者）霜降り肉の脂肪のように、中に入り込んでしまいました」（26ページ）と中上は縷々《るる》主張しているのだが、それが「文化的産物」であるとなぜ結びつくのか、「だからどうしようもない」になぜなるのか、説得力というものがまったくない。中世の被差別民と天皇、近世の賤民《せんみん》身分と天皇、明治の絶対主義的天皇制と部落民、それぞれが如何に「相互補完的」で「交換可能」なのか、どのように「中に入り込ん」だのか、歴史的事実に基づいたどのような歴史叙述を指すのか、話が拡散し過ぎて思い当たる節は極めて曖昧模糊《あいまいもこ》としている。インドのカーストとは異なって「ツリー状ではありません」（26ページ）の意見だけは少し納得できるが、近代の被差別部落が変形したカースト制であることを実証した研究者は存在しているとは思えない。

中上が「文化的産物」といっているのは、「政治的」（27ページ）と対比して言っているように思える。「文化的産物」なのだから「政治」や「宗教」の力では廃絶できないと言っているのであろう。ここでも「部落差別永続論」が形を変えて発言されている。

監督は、学問的に実証はされることはない、思い付きに似た文学者中上健次の発言をありがたがって場面の一シーンに脈絡なく映し出している。もしも中上健次の結論—「だからどうしようもない」—に本当に確信を持っているのなら、映画の中で対談している数多くの人たちにその言葉を自分の言葉として投げつけたらいいだろう。しかし、そんなことは出来ないだろう。何かエキセントリックを感じさせるこのシーンを削除して、映画の所要時間を短縮させた方が映画の説得力を増したのにと返す返す残念である。

なお、中上健次の描いた「路地」の世界は、現実の被差別部落（1969年ごろからの数年間）とはまったく関係がない。すべて中上健次の作家的想像の世界の中のことである。「路地」＝「被差別部落」だと中上健次にあやかりたいエピゴーネン（追随者）である上原善広が虚妄を商業的に拡散しているので、あえて文学愛好者に警戒を呼び掛けるものである。

## 十　語り合った人々の意見について①—「部落民の継承」はやめよう

（前川地区の若者林）優次さんは、もしも結婚して子どもができたら、被差別部落にルーツがあることを伝えるという。「生れた所はそうだけど、今住んでる所が違うからといっても、差別する側からしたら関係ないから。だから俺は教える」と。（6ページ）

21世紀になって、部落解放同盟の側は運動の仕切り直しめいたものを行っている。「部落民アイデンティティ」だとか「カミングアウト」だとかである。若い林優次さんもその思考様式の影響下にあると言える。ずばり直言するけれども、「部落民の継承」なるものは、もうあなたの世代でお終いにして子どもや孫の世代に伝えることは止めませんか。

そもそもで考えてほしい。「被差別部落をルーツとする」というフレーズのあいまいさを。

居住地と職業とが世代にわたって固定していた近世身分社会とは異なって、明治以降の近代社会になって流入・流出をいくどとなく繰り返し、膨張もして変容もしてきたのが被差別部落なのである。かつての「かわた身分」「えた身分」の子孫が誰なのか、もはや分らなくなってしまっている。

近代以降の「被差別部落」なるものは「差別する側」が作り上げたものであるとは、映画の解説者黒川氏が縷々《るる》説明したことではないか。１００年前の部落解放の先人のフレーズで言えば、「賤民といふ観念は空虚な歴史的伝統に過ぎない」（佐野學「特殊部落の婦人達に」１９２２年10月）のである。その「空虚な歴史的伝統」を「ルーツ」にするとは、何か確たる客観的なものに依拠しているのだろうか。答えは否である。だいたい、子どもができたらその子どもは「部落民の遺伝子」を受け継ぐのだろうか。「部落民の遺伝子」が分子生物学で言う「転写」「翻訳」されて行くのであろうか。馬鹿げた考え方である。それは、「差別する側からしたら」と結局は差別する側の妄想に付き合っているから、差別する側の屁理屈を一部内面化しているからそうなるのである。そんな「空虚な歴史的伝統」を子どもに伝えて、「確固とした歴史的伝統」として押し付けるのは親としてやってはいけないことである。再度書く。「部落民の継承」なるものは、あなたの世代でお終いにして子どもや孫の世代に伝えることはもう止めよう。

子どもが大きくなって「ここは部落か」と聞かれたら、こう答えたらいい。「昔、20世紀の時代にはそう言われていた。いまはそうではない。普通の日本国民が住んでいるごく普通の地域。『部落』や『部落民』はもうどこにもいない。」と。

「被差別部落をルーツとする」という言い方が21世紀になって流行するように仕組まれてきたが、そもそも「ルーツ」を江戸時代にまでしか限定しない考え方もおかしいではないか。映画では「先祖は武士である」と胸を張って答える年配の女性が映っていた。そもそも武士の先祖を辿《たど》ると貴族社会の貴族の使用人に過ぎない。高校の国語の授業で必ず扱われる芥川龍之介の小説「羅生門」の下人は、刀を持っているので若い「失業武士」なのだが、先祖が武士だというなら、小説「羅生門」にあるように老婆の檜皮《ひわだ》色の着物をはぎ取って闇の中に消えたこの若い武士が先祖だったかもしれない。

いずれにしても、先祖が武士だから、先祖が賤民だから、「だから何?」という当然の疑問の前には封建時代の「誇り」? 「卑下」? などは何らの意味もなさない。近世身分社会は、身分の垣根を越えることが出来ない「限界社会」の組み合わせでなっていた。人々は、その中で誠実に生き、あるいは人倫《じんりん》の道を踏み外し、あるいは…と個性の発現が許されない社会の中で一生を全うしたのである。

武士は武士の生き方があり、賤民は賤民の生き方があった。誇りある生き方をした人は武士の世界にもいたし、百姓、賤民の世界にもいた。百姓と賤民は文字にして出版する機会が恵まれなかったので、武士と一部の町人の様に後世に残る形で事跡を残せなかった。それが近世身分社会の不平等の一つであり、その不平等の存在そのものが近代社会に取って代わられる原因の一つとなったのである。

何度も繰り返すが、「被差別部落をルーツとする」という考え方は出発点から間違っている。現代社会では、部落―被差別部落は存在しない。それは「空虚な歴史的伝統」にしかすぎない。だから、他人に告げる必要もない。「カミングアウト」する必要が無いことである。部落かと聞かれたら、存在しないものを聞かれているのだから違うと返答すればいい。それ以外にどんな返答があるのか。存在しないものを存在すると返答するのは、それこそ嘘《うそ》を吐くことになる。それは「逃げる」ことではない。自分は部落民であるという意識から解放されることが部落解放の真の到達なのである。「部落民からの解放」「部落問題からの解放」という真の到達を考えないと、いつまでも部落問題に捉われてしまい、堂々巡りにはまり込んでしまう。自家中毒に陥ってしまうことはもう止めようではないか。

最後に厳しいことを言うと、林優次さんは「結婚して子どもができたら…俺は教える」と言っているけれども、「パートナーとなった人とよく話し合って」といった考えが頭をかすめていないことに心配がある。「当事者である父親である自分」の思いが優先すべきだとまさか考えているわけではないだろうが、どうも父親の思い優先の「家父長制」の害毒から離れていない嫌いのある発言である。部落問題と交差しない時代がこれからどんどん進んでゆくだろうし、パートナーの考え方が林さんのそれとかなりの温度差が生じるだろうことも容易に想像される。パートナーの考えを振り切って子どもに対するのは、部落差別を無くしたい「家庭内民主主義」に相反する行動ではないか。また、「俺は教える」のなら、そもそも部落民は現在では存在しない、「部落民の継承」はやめようと言う意見もあるということを父親として教えるのが公平ではないだろうか。そうでないと親の考えを一方的に子どもに押し付ける「毒親」の道を進むことになる。気を付けた方がいい。

## 十一　語り合った人々の意見について②―解放教育の弊害

金澤茂さんは柘植で育った。小学校・中学校時代にずっと暴力を振るっていた子に「やめて」というと「俺が部落やからそんなことというんやろ」といわれた。当時、担任の先生からその子の大変な家庭環境について説明されたが、それでもその子のしてくることが我慢ならなかった。しかしだからといって被差別部落全体が悪いとは思わなかったという。（10ページ）

金澤茂さん（女性）は大変勇気ある発言をされたと思う。偏った「同和教育」や「解放教育」の弊害が表に出た一つの現象である。偏った「同和教育」や「解放教育」は、「被差別の子―部落の子を（クラスの）まん中に」のスローガンのもと、あからさまな依怙贔屓《えこひいき》を行なってきた。だから、「俺は、私は、学校で特別扱いされている、だからわがままを言っても先生は味方に付いてくれる」と誤解して、問題行動をする子どもをうむ土壌《どじょう》を作った。金澤さんに暴力を振るった子どもは、大人たちのことばを自分に都合のよいように使うテクニックを身に付けたのである。「部落やから」の言葉の前で沈黙する大人たちをずっと見てきたのであろう。偏った「同和教育」や「解放教育」を進めていた担任は「その子の大変な家庭環境について説明」したようだが、これも偏った「同和教育」や「解放教育」を進めていた教師の陥りがちな教育方法だ。学校でも社会でも暴力を振るう人間は存在する。そして、暴力には口実となる背景が必ず存在する。でも暴力はいけない。背景と暴力とはまったく別のものだとの毅然《きぜん》とした態度を、偏った「同和教育」や「解放教育」を進めていた教師はとることができない。結果学校が荒れてしまって、かつての部落の保護者からも厳しい批判を浴びた事例は数多くある。

「それでもその子のしてくることが我慢ならなかった。しかしだからといって被差別部落全体が悪いとは思わなかったという。」―金澤さんのこの言葉は、教師の対応が間違っていたにも関わらず、部落差別に囚われない真に民主主義的な感覚が小学生・中学生にも着実に育っていることを示している。偏った「同和教育」や「解放教育」を進めていた教師たちは恥じ入るべきである。

前川地区の古老である廣岡さんは、別のところで「同じことをしても他の地区の出身の者なら個人の問題になるが、前川で一人でも問題を起こせば、前川全体が悪者にされ、『怖い』と恐れられるという」と語っている（4ページ）。伊賀市民に広く訴えることのできる客観性を備えた発言だとは思えない。金澤茂さんのような立派な市民が育っていることにぜひ歓びを感じて欲しい。

ここに「柘植小学校長　栗原成壽《くわはらなりひさ》」氏が報告した「2009年度柘植小学校マニフェスト」がある。

「第二の柱　エンパワメント」として「12　『部落問題は被差別部落の友達の隣に座っている自分の問題』として捉え、自らのくらしと重ねて考えたり発言や行動できる6年生の子ども、50％をめざす。」と書かれている。金澤茂さんに「説明された」担任は、こういう教育方針に忠実に従って金澤さんに「説明」したのだ。「14」には「全同教研究大会（三重大会）での本校の実践報告が、大会参加者に、日本の人権教育の具体像を指し示す値打ちを持つものとして位置づくよう、教職員の議論をつくす。」とも書かれてある。「議論をつくす」などと書かれているが、その実、異論は一切許さない、「位置づくよう」に沿った「議論をつくす」だけである。「校長のリーダーシップ」と「数値目標の明確化」を文部科学省が現場の教職員に押しつけて久しい。「解放教育」派の教員は、文部科学省の注文どおりのことを、このように率先垂範《そっせんすいはん》しているのである。「栢植小学校長　栞原成壽」氏はのちに公益社団法人全国人権教育研究協議会（全人教）代表理事になっている。一地方都市の、一校長の突飛な「マニフェスト」ではないということだ。

（２００９年度の資料を持ち出したのは、金澤茂さんの小学生時代や藤井真弓さんの小学校講師時代に近づけたかったからである。出典は、「２０１１年全人教大会（鹿児島）特別分科会　第１講　資料」『第63回全国人権・同和教育研究大会　報告・資料集』、２０１１年11月発行、３１４ページ。）

「２００９年度栢植小学校マニフェスト」の「12」を「日本の人権教育の具体像」ととらえている人に、以下の批判を投げつけたい。

①児童を被差別部落の児童とそれ以外の児童と区分けして（第一の差別）、被差別部落の生徒には成長の課題を課さず、それ以外の児童に「『自分の問題』として捉え、自らのくらしと重ねて考えた

り発言や行動」する成長の課題を課していること（第二の差別）は二重の差別教育である。

②被差別部落の児童については、別の資料（※）によれば、「被差別部落の子どもたちが5年生段階で、全員、自分の社会的立場を自覚できる。」課題が要請されている。全員、「部落民」（の言葉は使っていないが）としての自覚を持ちなさいと5年生になったある日、教師から指導されるのである。10歳か11歳の子どもがである！　そもそも「部落民としての社会的立場」（それ自体がおかしいが）なるものがあっても、それはその児童の家庭の責任において考えるものではないのか。公立学校の教員が家庭に土足で入り込んでいる。「保護者啓発」の名のもとに何でも許されると考える人権感覚に憤りを覚える。

※「2007年度　T小学校マニフェスト」「第二の柱　「人権・部落問題学習の深化と保護者啓発」（『人権教育　guide book―一人ひとりを大切にする教育を―【実践篇】』日本教職員組合、2011年1月発行、33ページ。〈T小学校」とあるが、「マニフェスト」とまったく同じ文章もあるので、柘植小学校であるのは間違いないだろう。〉）

③そもそも、部落問題に限らず、隣人の抱えている課題を「隣に座っている自分の問題として捉え、自らのくらしと重ねて考えたり発言や行動できる」ということは大人でも難しいし、大人の社会ではそういうことは個人の判断に任されており、社会的に要請されるべきではないこととされている。

例えば、職員室の隣の教職員の個人的問題を「隣に座っている自分の問題として捉え、自らのくらしと重ねて考えたり発言や行動できる」ことは普通の教職員は行わない。近隣住民との関係もそうであろう。「隣に住んでいる自分の問題として捉え、自らのくらしと重ねて考えたり発言や行動できるようになってください」と校長としてPTAの保護者に訴えるつもりなのだろうか。訴えているのだろう。訴えられた保護者は、小学校の校長が「上から目線」で何の権限をもってこんな説教するのだろうかと疑問と反感を持ちながらも、子どもを「人質」に取られているので黙らざるを得ない、または「スルー」するしかないと感じるだろう。「解放教育」にとらわれていると世間の常識からこんなにも離れていくことの一つの例である。金澤茂さんの担任の「説明」の背景には、このような根深いものが横たわっていたのである。

④この問題を少し深掘りする。「柘植小学校長　榮原成壽」氏は、『第69回全国人権・同和教育研究大会報告・資料集』（２０１７年12月発行）によれば、「伊賀市教育委員会人権教育アドバイザー」として「伊賀市転入・新任職員研修会」で講師として話している。上記①から③の内容にそって話していることは容易に想像できる。この大会において榮原氏は、「特別分科会」の「第１講」で「『部落差別解消推進法』を活かすための学校教育の課題のいくつか〜特に、『校区や市町に被差別部落のない学校』を意識して」と題して講演している。

「3、校区や市町に被差別部落のない学校に、どのように拡げていくのかの課題〜部落問題学習の取り組みがどのように拡がってきたのか、伊賀市の場合〜」の最初には、「（1）校区に被差別部落のある学校から始まる。（例）小学校の6年生から5年生、4年生へと　地域での解放学級、地区学習会の取り組みから学校へと」（２８０ページ）とある。

つまり、「被差別部落の子どもたちが5年生段階で、全員、自分の社会的立場を自覚できる」課題が「4年生段階」に引き下げられているということだ。「地域での解放学級、地区学習会の取り組み」（部落解放同盟が行う）課題を「学校へと」（公教育である）連接させるということだ。『全国人権・同和教育研究大会報告・資料集』のいくつかを見ても、ここまでのモデルは見受けられない。その意味では、全人教のモデル地域が伊賀市であるということだ。日本全国、他の地域ではここまでの行き過ぎた住民管理教育は行われていないと書き添えておく。

⑤前の「11」において、「（前川地区の若者林）優次さんは、もし結婚して子どもができたら、被差別部落にルーツがあることを伝えるという」に言及したが、林優次さんが親として伝える前（？）に、伊賀市では、小学校の4年生で学校から告げられるということだと付け加えておく。そんな教育、地域で本当に良いのだろうか？

## 十二　語り合った人々の意見について③――素晴らしいまちづくりと旧態依然たる「部落民の継承」

> 大阪府箕面市北芝は、「北村」として中世に形成されたといわれる被差別部落。１９９０年代に若者が中心となり、同和対策事業に依存しない解放運動をめざした。今では「開かれた部落」として知られている。（８ページ）

厳密にいえば、「箕面市北芝」という地名はない。箕面市萱野のことであろう。北芝の地名があるのは「市営住宅」「児童公園」だけである。『パンフレット』では省略されているが、「解放運動から街づくりへ」のスローガンの下、外部の人々を招き入れるプロジェクトを継続して、今では外部から移動してもう10年以上たつ住民が複数紹介されている。地域のイベントでうどんを啜りながら、「（外部の人々に移り住んでもらう）発想は若い人々のもの。50年前は外部から移り住む人はいなかった。若い人々の発想は素晴らしいものがある。」と地元の年配者が話していた場面がある。ここは部落問題の解決とは何かを具体的に示している箇所である。この映画のもっとも感動的なシーンであるが、『パンフレット』に書き落としているのは大変惜しいものである。

次に、「北芝に関わりのある20歳の青年たち3人が集まった」とある。3人はすべて同和対策事業が終了してから生まれ育った若者たちである。

「反差別を訴える太鼓チームに参加したことで、十代半ばで初めて自分の住む北芝が被差別部落だと知ったという中島威さん。そのときは『意味がわからなかった』という。」（8ページ）。中島威さんの成育歴の中で、自分が「被差別部落出身」だと意識することは無かったということ、つまり、部落問題の解決がそれだけ順調に進んでいたということである。中島さんに「あなたは被差別部落出身」だと余計な（「空虚な歴史的伝統」）「知恵」を付けた人物は反省すべきである。せっかく長年に渉る地域全体の努力によって近隣地域との融合が実現しているのに、それを台無しにする行為だとは理解できないのであろう。「部落差別永続論」を歓迎する行為だと言わざるを得ない。被差別部落の「意味が分らなかった」若者を自分たちの運動に巻き込むことはもうやめた方がいい。中島威さんの小学校からの友人である大下さんは、「これまで北芝が被差別部落であるということを特に意識したことがないという。」（8ページ） 実に素晴らしい民主主義的感覚である。こういう若者が日本全国育っているのに違いない。映画は、本当はここを掘り下げてゆくべきであった。

## 十三 語り合った人々の意見について④ー「部落」を意識しないことは「逃げる」ことではない

（中島威さん）「否定するわけじゃないけど、流すというより、俺は相手に理解してほしいと思う」「以前は逃げればいいと思っていたけど、逃げても差別されることは必ず出て来る。いつかは闘わなあかんやんか。逃げ続けていたら闘う力がなくなる。だから俺は相手にも理解してもらいたい」と。（8ページ）

「被差別部落出身」だと意識することが無いのは「逃げている」ことではない。「逃げている」と中島さんに吹き込んだ人間のいかに無責任なことか。憤りを感ずるとはっきり書いておこう。「被差別部落出身」だと意識することが無いことを継続することこそ現代の闘いである。「逃げても差別されることは必ず出て来る」とは、中島さんのオリジナルの言葉と思えないが、一緒に差別と闘ってくれる人も「必ず出て来る」となぜ考えが及ばないのか。

現に中島さんのまわりの仲間は、そういう若者ではないか。現代日本社会では、部落差別を公然と行う人物は厳しい批判を浴びて社会的立場を失うことになる。常にファイティングポーズをとらなくても済む時代になっているのである。交際や結婚もそうである。人を個人として尊重しない人物と深い関係にならない、人間を見る眼を養っていれば（それが闘いではないか）人生において無用な差別的な摩擦《まさつ》を回避することが可能な時代になっている。

「部落差別と闘う」という狭いことだけを人生の日常にしてはいけない。そもそも豊かな人間性を不断に築き上げるのが人生の日常ではないか。「部落差別と闘う」というのは、「豊かな人間性を不断に築き上げる」一部分にすぎない。周りの人々が何ら意識していないのに、「部落差別と常に闘うのだ」「その姿勢を保持していないと闘う力は無くなるんだ」と鎧兜《よろいかぶと》を身にまとえば、その鎧兜は他人から見えて、人々から「引かれて」しまうことだろう。それを「見えない差別だ」と断ずれば人々はますます遠ざかっていくことだろう。幸い、中島威さんは「理解してもらいたい」と言っているだけなので、部落解放同盟の「朝田理論」の悪しき伝統―部落民以外はすべて差別者である―からかなりの距離があると見受ける。「被差別部落出身」だと意識することが無いのは「逃げている」ことではない―という意見にも、ぜひ耳を傾けてこれからの人生の参考にしてほしいと思う。

## 十四　語り合った人々の意見について⑤―「部落」が「怖い」のではなく、反省しない部落解放同盟が「怖い」のである

まもなく成人式を迎える中島威さんは、同窓会の幹事をしていてショッキングな出来事があった。近隣のホテルが埋まっていたため、同窓会の会場に「らいとぴあ21」（北芝の人権センター）を提案したら、同級生の一人から「らいとぴあやと怖いと思う子がいるかもしれない」といわれたという。北芝という場所が怖いのか、らいとぴあが怖いのか…とっさにどうしたらいいかわからず、怖くて何もできなかったと藤村弘龍さんと大下大輝さんにうちあけた。（11ページ）

まず、「らいとぴあやと…」という意見には、「らいとぴあ」は人権センターなので学習や真面目な交流の場所ではないか、その場所で同窓会という気楽な「どんちゃんさわぎ」「無礼講」になるかもしれない（20歳なんだからお酒もあってよい）催しをしてもいいのだろうか、場所柄をわきまえないと厳しい注意を受けることになったら「怖い」というのが意見を出した人の真意ではないか。

それとこれが最も大事なことだが、映画の中では宮部龍彦さん以外、「部落は怖い」という偏見に多くの日本人がいまだに囚われているという先入観を持っているが、そうではない。

宮部龍彦さんが言うように、「部落は怖い」と思っているのではなく、部落の住民のほんの一部である部落解放同盟（や自由同和会など）の今も続くわがまま勝手が怖い、と思っているのだ。多くの日本人は「部落の住民」（厳密にいえばかつての部落の住民。今は部落の住民は存在しない）と部落解放同盟などの運動団体の構成員とを明確に区別している。この映画は、金澤茂さんの意見以外はそれを紹介していない。極めて偏った考えで映画の内容が進行している箇所がある。

21世紀に生れた中島威さんは、20世紀後半の30年間に部落解放同盟が全国で行なった蛮行を聞いたことは無いかもしれない。でも人々の記憶にははっきりと残っているということを知ってほしい。太鼓サークルの活動に「反差別」をわざわざ掲げる団体には背後には部落解放同盟がいるのではないか(大体は公然とチラシに書いているが)と詮索するのは、糾弾路線を放棄しない部落解放同盟の活動に批判・疑問を感じている市民の当然の反応である。それは、運動団体批判であって部落差別でもなんでもない。市民の健全な区別意識を「見えない差別だ」などと言いがかりをつける行為が嫌悪されていることに気付かない人間に中島威さんにはなって欲しくない。

「らいとぴあ」だとか、「人権センター」だとか、「らいとぴあ」の傍にある「水平社宣言」碑だとかは、ここはかつて部落があったというランドマーク(目印)になる。本当に地域に融合するという観点から考えて、ランドマークになるものを撤去することを中島威さんらの若い世代が行ってほしい。ついでに「北芝」という箕面市の地図には出ていない歴史的地名を語るのは「閉鎖性」を示すことになるので、これもやめた方が良い。

## 十五　語り合った人々の意見について⑥―反省と清算のない部落解放同盟の活動家の言い訳は信用されないだろう

松村さんには、忘れられない体験があった。中学校の放課後の学習会で、松村さんと同じ被差別部落出身の友人が「結局俺らの気持ちなんてわかってもらえへんやん」といったとき、地区外から参加していた女の子が即座にこう反論した。「それをわかろうとしてるから来てるんちゃうの？　じゃあ、あんたは私の気持ちがわかってるのか、いってよ」と。そのやり取りがとてもよかった、と松村さんは未来を見据えて話す。（11ページ）

「結局、俺ら、私らの気持ちなんて、部落ではないあなたたちにはわからない」というのは20世紀の後半約40年間、部落解放運動や解放教育の世界で猛威をふるった「朝田理論」―「部落民以外はすべて差別者である」から来ているフレーズである。この友人も20世紀の後半の約40年間、大人たちが相手を屈服させる切り札のフレーズを大人たちの口真似をして使ったに過ぎない。即座に反論したこの女子生徒は、本当に素晴らしい。普段から物事を深く考えている、真に学力のある生徒である。「朝田理論」は瞬時にして崩壊したのである。

１９８１年生まれの松村氏が中学生であるのは、１９９３年から１９９６年の間になる。全国では大規模な同和対策事業はほぼ終了期を迎えていた。就職差別や結婚差別についてもそれを許さない世論が形成されていて、国民合意になっていた時期でもある。全解連は「21世紀に差別は持ち越さない」呼びかけをしていた。学校や社会でも大々的に問題とすべき部落差別現象は、運動の成果もあって万人が認める形では表面化しなかった。学校でも部落問題を語る現実的根拠が消滅して人権教育に移行して行った時期でもある。

そんな時期に「結局俺らの気持ちなんてわかってもらえへんやん」と中学生に言わすとは、「放課後の学習会」ではどんなことが教えられていたのだろうか。「君たち部落の子どもは社会に出れば就職差別に出会うのでまともな会社には勤めることは出来ないし、結婚差別が厳然とあるので好きな人とも結婚できない」とかを吹き込んだ大人や教師がいたのではないか。かつては差別があったけれどももう心配しなくてよい、分かってもらえる人はまわりに数多くいるよ、と言えないのが部落解放同盟が進める運動や解放教育なのだ。ひょっとして「狭山学習」や「部落民宣言」の学習をこの「放課後の学習会」では行われていたのかもしれない。社会問題への認識が成熟途上にある中学生に「部落問題」の学習は必要ない。ましてや「部落の子」というだけで「狭山学習」や「部落民宣言」を押付けられたらどういう気持ちになるだろうか。「結局俺らの気持ちなんてわかってもらえへんやん」という言い方はそれらへの無意識の反発であったのかもしれない。松村氏は「お互いの痛みをわかろうとしあえる関係がすごく大事だなと思えた」（11ページ）と述べているが、中学生を追い込んでいった間違った運動や教育の反省・清算なしに「わかろうとする関係」は築けないと思い知ってほしい。そして、あの女子生徒の素晴らしい切り返しは、松村さんがいまも進めている部落解放同盟の反省なき間違った運動を崩壊させる「頂門《ちょうもん》の一針《いっしん》」（急所をおさえた戒め）であることに気づいて欲しい。

## 十六　ここに着実な希望がある

前川の中村尚生さんの婚約者は部落問題そのものを知らなかったが、中村さんと交際したことをきっかけに、実は自分の母が被差別部落出身だということを知った。しかし「部落に住んだことはないし、ルーツがあっても違う」と当事者意識は芽生えなかったという。（6ページ）
林優次さんが前川を離れて暮らす弟に電話をかけた。部落問題に対する意識の変化を尋ねると、かつては差別の問題を考える機会が常に身近にあったが、地元を離れて忙しく働いていると「いい意味で重要視しない感覚になった」と弟はいう。（11ページ）

中村さんの婚約者の「違う」意識、林さんの弟の「重要視しない感覚」こそ、部落問題解決のもっとも大切な希望である。理屈を越えた感覚にまで部落問題解決の意識が成熟しているということだ。「部落」から離れて生活している人を「逃げている」とか「丑松《うしまつ》」だとか言う人は未だにいるが、そのような人はかつての影響力をどんどん失っている。中村さんの婚約者や林さんの弟という若い人々の周囲には、もういなくなったことが分かる。「当事者意識を持て」と「部落民」探しに躍起となっている人たちはもはや相手にされない状態になっているのである。

「部落民からの解放」「部落問題からの解放」―現在の生活と将来の人生を部落問題を意識することなく歩んでゆく―「部落問題の解決」とはそれなのだと強調して本書を終えることにする。

# あとがき

部落問題は「通説」を疑いましょう。

「現在もなお部落差別が存在するとともに、情報化の進展に伴って部落差別に関する状況の変化が生じていることを踏まえ」て、「部落差別の解消の推進に関する法律」が２０１６（平成28）年12月に施行されたのが、近年の部落問題に関する源です。ここで注意してほしいのは、「現在もなお部落差別が存在する」と書いていますが、どのような形で存在しているのかは書いていません。それは法律の範囲外のことなのです。どのような形で存在しているのかを探求するのは、学問研究の責任なのです。「部落差別は形を変えて根強く存在している」と考えるのも一つの意見でしょう。単純な形式論理学なのですが、「現在もなお部落差別が存在する」＝「部落差別は形を変えて根強く存在している」ではありません。その非論理的な思い込みが、あたかも「国定哲学」「官許学説」かのようにマスコミや教育行政で横行しているのが現代の日本です。

私（私たち）は、別の意見を持っています。それは、「部落問題は着実に解消の過程をたどっています。もはや万人が認める社会問題として存在しているのではありません。」という意見です。国民の間では部落の内外を越えた自由な交流が進んでいて、国民の融合が進化しつつあると考えています。一言では「国民融合論」と自称しています。

どちらが21世紀の部落問題の事実にそった意見なのか、ぜひお考えいただきたいと思います。しかし、マスコミや教育行政は2つの意見を公平な態度で取り上げていません。NHKの政党討論会の水準にも達していない言論状況になっていて憂うべきものです。

YouTubeで、「全国水平社創立100年動画」の「結婚のかべの変化」をぜひご覧になってください。三世代にわたる「結婚のかべ」が消滅してゆく過程が自然な語りで紹介されています。

また、映画『八鹿《ようか》高校事件』がYouTubeでアップされており、135万回を越える再生数を数えています。「過去の運動団体の行き過ぎた言動」(前述の法律の参議院法務委員会附帯決議の言葉)の典型です。

最後に、「差別意識」についてもう一度触れましょう。「差別意識は空気のように充満している」は「朝田理論」の核心だと述べました。「差別意識は白いシーツに落ちた黒い水滴の様なものでどんどん拡がってゆく」と最近は言い換えているものです。

この「朝田理論」には大きな論理矛盾があります。「差別意識は空気のように充満している」のなら、「部落の人々もそれに囚われて部落解放運動は部落の中から生まれようがない」ということです。いや、部落民は抵抗の自覚があるからそうはならないという反論があるかもしれませんが、だから「部落民以外は生まれながらに差別者だ」という「朝田理論」が生まれるのです。そもそも民衆を二項対立で固定的に捉えるならば、部落解放運動が誕生したとしても他に影響を及ぼすことができず、部落解放運動自身が徒労という絶望に浸るしかありません。そもそも運動そのものが誕生しないのではないですか。

次に「差別意識」という概念の検討です。「差別意識」の存在を認識するには「差別意識」を否定する意識の存在が無ければ認識できません。「差別意識」だけが充満していれば、それはすべて「意識」となり、差異が無くなってしまい、認識の対象が無くなるからです。

身分が固定した封建時代（つまり、意識も固定する）ではいざ知らず、近代社会では人間の精神には「差別意識」が存在すればそれに対立する「反差別意識」が必ず存在します。近代社会では人間の精神はそのように対立したものを抱え込む動的な存在になっているのです。だれもが人間として差別されない社会に生きたいと願っています。それを「人権意識」と仮に名付けましょう。「差別意識」が先にあるのではなく、「人権意識」こそが先にあるのです。

そして近代社会では人間の精神は両者が矛盾をはらんで葛藤し、日々せめぎ合っています。シーツが黒く染まれば白く戻す動きも同時にでてくるのです。生物学の世界では「動的平衡」という概念が知られていますが、私は近代の人間精神のあり方も同様だと考えています。どちらの可能性を引き出すのかが課題なのではないでしょうか。

「おれの／わたしの心の中には抜きがたい差別意識が巣くっている」と自虐的に考える必要はまったくありません。「差別意識」と認識することは、対立する「人権意識」がちゃんとあるということですから。「朝田理論」は人間の意識を絶対不変のものとみる中世的なスコラ神学のようなものかもしれません。権威で押し付けてくることは、どうも共通しているようです。これで部落問題を考える上での「重苦しさ」を解き放っていただけたら幸いです。

引き続き、21世紀の部落問題とその解決のあり方を考えて行きましょう。

**秦　重雄**（はた　しげお）

1953年生まれ。大阪府立高校（非常勤講師）に勤務。
現在、公益社団法人部落問題研究所研究員、日本社会文学会理事
著書
『挑発ある文学史　誤読され続ける部落／ハンセン病文芸』（かもがわ出版、2011年）
論文
「近代の文芸と部落問題」『講座近現代日本の部落問題 第二巻』（解放出版社、2022年）
「『路地』の生みの親・中上健次の「部落観」を問う」『部落問題研究』229輯（部落問題研究所、2019年）
「上原善広の『路地』の迷路」『部落問題研究』225輯（部落問題研究所、2018年）
「差別と文学」『社会文学の三〇年』（日本社会文学会編、2016年）
「戦後部落問題文芸と研究の到達点」『部落問題解決過程の研究 第2巻―教育・思想文化篇』（部落問題研究所、2011年）

**映画『私のはなし 部落のはなし』を観て**
**―部落問題を深掘りする―**

---

2022年11月20日　初版印刷・発行

---

著　者　　秦　重雄
発行者　　梅田　修
発行所　　部落問題研究所

---

京都市左京区髙野西開町34―11
TEL 075(721)6108　FAX 075(701)2723

---

ISBN978-4-8298-1088-0

## 「部落差別の解消の推進に関する法律」の根拠にされたインターネット上の「部落差別」を検証する！

「部落差別解消推進法」は「情報化の進展に伴って部落差別に関する状況の変化が生じている」と指摘する。はたしてインターネット上に「部落差別」があふれているのか、「ヤフー知恵袋」の検索を通して実証的に検証するとともに、「部落差別解消推進法」が差別の解消どころか「差別の固定化・永久化になりかねない」こと、「『部落差別の解消』をむしろ阻害するものである」ことをわかりやすく論証する。

# インターネット上に「部落差別」はあふれているのか
## ―「部落差別解消推進法」を検証する―

杉島《すぎしま》 幸生《ゆきお》 著

A5判・九六頁　定価九九〇円（税込）




部落問題研究所
〒606-8691　京都市左京区高野西開町34-11
TEL 075-721-6108　FAX 075-701-2723
Email burakken@smile.ocn.ne.jp